Carina Mira

Raclette
Die besten Rezepte

Bassermann

Inhalt

Raclette –
das gesellige Vergnügen

Das ursprüngliche Raclette ist wohl eine Erfindung aus der Schweiz, genauer aus dem Wallis. Und wie so oft hat der Zufall seine Hand im Spiel. Ein nahe am Lagerfeuer von Hirten liegender Käse wurde weich und bekam durch den Rauch ein besonderes Aroma. Kombiniert mit Brot war es ein einfaches, aber unglaublich leckeres Gericht. Noch heute ist der geschmolzene Käse, der auf Kartoffeln geschabt wird (französisch „racler"), ein Nationalgericht der Schweizer. Übrigens war es früher ein typisches Sommergericht.

Daraus entwickelt hat sich unser Raclette mit Pfännchen. Das neben

dem Fondue wohl beliebteste Essen zu Weihnachten und Silvester.

Die wichtigste Zutat beim Raclette ist natürlich der Käse. Dieser sollte aromatisch sein und gut schmelzen. Der klassische Raclettekäse erfüllt diese Bedingungen natürlich perfekt. Doch das gilt auch für viele andere Käsesorten. Ob Sie milde Käse wie Butterkäse, Mozzarella oder jungen Gouda verwenden, charakteristische wie Gorgonzola, Roquefort, Ziegen- und Schafskäse, würzige wie Cheddar (der mit seiner kräftig gelben Farbe auch ein besonderer Hingucker ist), mittelalten oder alten Gouda, reifen Camembert oder Bergkäse, ist ganz vom persönlichen Geschmack abhängig. Vielleicht stellen Sie einfach mehrere Käsesorten bereit, so kann jeder die Vielfalt der Geschmäcker erkunden. Übrigens rechnet man ca. 200 bis 250 g Käse pro Person.

Und was kommt sonst noch ins Pfännchen? Hier sind Ihrem Ideenreichtum keine Grenzen gesetzt. Gemüse, Fisch, Meeresfrüchte, Fleisch, Wurst, Obst und natürlich Kartoffeln oder Brot. Feste Gemüsesorten wie Brokkoli, Bohnen oder Karotten sollten Sie kurz vorgaren.

Zum Raclette gehören auch ein paar Beilagen. Auch hierfür müssen Sie sich nicht lange in der Küche aufhalten. Saure Gürkchen, Perlzwiebeln und Cocktailtomaten sind wunderbar. Vielleicht noch ein frischer Salat und ein paar Saucen, wie sie auch zum Grillen angeboten werden.

Die meisten Raclettegeräte haben einen heißen Stein oder eine Grillplatte. Auch hier können Sie ganz nach Lust und Laune ausprobieren, was Ihnen am besten schmeckt: Gemüse, Fisch, Fleisch und Obst sind zum Grillen geeignet. Sie können auch kleine Pfannkuchen darauf backen.

Die Einfachheit und die große Vielfalt sind es, die das Raclette zu einem optimalen Gericht in einer netten Runde machen. Die Vorbereitung ist ruckzuck gemacht und das Essen wird jedem gerecht, egal ob Allergiker, Vegetarier oder Veganer. So kann man stundenlang entspannt zusammensitzen, jeder stellt sich seine Pfännchen nach seinen Vorlieben zusammen, man erzählt und genießt. Übrigens sollten Sie dies auch mal außerhalb von Weihnachten und Silvester ausprobieren – es bringt genauso viel Spaß.

Die Rezepte

Asiatisches Gemüse-Raclette

FÜR DAS GEMÜSE

1–2 Möhren
4 Mini-Maiskolben
1 kleine Zucchini
50 g Sojasprossen
50 g Zuckerschoten
½ gelbe Paprikaschote
2 EL Rapsöl
Salz
Pfeffer

ZUM BESTREUEN

4 Stängel Koriander
2 EL Erdnüsse

FÜR DIE SAUCE

2 EL trockener Weißwein
1 EL Sojasauce

Für 4 Personen

Zubereitungszeit: 30 min
Garzeit: 15 min
Schwierigkeitsgrad: leicht

**1 ** Die Möhren schälen und in feine Streifen schneiden. Den Mais der Länge nach halbieren oder vierteln. Die Zucchini waschen, putzen, der Länge nach vierteln und in 3 mm dicke Scheiben schneiden. Die Sprossen waschen und abtropfen lassen. Die Zuckerschoten waschen, putzen und längs halbieren. Die Paprika waschen, putzen und in sehr schmale Streifen schneiden.

**2 ** Den Koriander verlesen, waschen, trocken schütteln und die Blättchen von den Stielen zupfen. Die Erdnüsse in einer beschichteten Pfanne ohne Fett unter Wenden goldbraun rösten, herausnehmen, leicht abkühlen lassen und sehr grob hacken.

**3 ** Das Öl in einer Pfanne erhitzen. Möhren, Mais und Zucchini darin unter Wenden ca. 4 Minuten braten. Sprossen, Zuckerschoten und Paprika untermischen und alles zusammen weitere 4 Minuten unter Wenden braten. Mit Salz und Pfeffer würzen, vom Herd nehmen.

**4 ** Den Wein mit der Sojasauce verrühren. Etwas Gemüsemischung in die Raclettepfännchen geben, jeweils mit einigen Tropfen Wein-Sojasaucen-Mischung beträufeln, mit Erdnüssen bestreuen und im heißen Raclette 3–4 Minuten erhitzen. Vor dem Servieren mit Koriandergrün bestreuen.

Raclette mit Jacobs-muscheln und Grapefruit

FÜR DAS PFÄNNCHEN

1 Grapefruit (Pampelmuse)
200 g Jakobsmuschelfleisch
(Corail)
100 g Zuckerschoten
Salz

ZUM BESTREUEN

60 g Emmentaler
rosa Pfefferbeeren

Für 4 Personen

Zubereitungszeit: 20 min
Garzeit: 13 min
Schwierigkeitsgrad: leicht

**1 ** Die Grapefruit mit einem Messer bis auf das Fruchtfleisch schälen und die Filets zwischen den Trennhäutchen herausschneiden. Die Jakobsmuscheln waschen und mit Küchenpapier trocken tupfen.

**2 ** Die Zuckerschoten putzen und in kochendem Salzwasser ca. 3 Minuten blanchieren. In Eiswasser abschrecken, abtropfen lassen. Alle vorbereiteten Zutaten in Raclettepfännchen verteilen und mit Salz würzen. Mit Käse und Pfefferbeeren bestreuen und im Raclette 8–10 Minuten überbacken.

Französisches Entenbrust-Trauben-Pfännchen

**1 ** Die Trauben waschen, abtropfen lassen und halbieren. Die Entenbrust in dünne Scheiben schneiden. Den Käse ebenfalls in dünne Scheiben schneiden.

**2 ** Jeweils 1–2 Scheiben Entenbrust mit einigen Trauben in ein Raclettepfännchen geben, mit Käse belegen und im heißen Raclette ca. 5 Minuten garen, bis der Käse zerlaufen ist.

150–200 g blaue Weintrauben
150 g geräucherte Entenbrust
125 g französischer Blau-
  schimmelkäse, z. B. Fourme
  d'Ambert

Für 4 Personen

Zubereitungszeit: 5 min
Garzeit: 5 min
Schwierigkeitsgrad: leicht

Schweinefilet-Champignons-Raclette

FÜR DAS PFÄNNCHEN

400 g festkochende Kartoffeln
Salz
300 g Schweinefilet
5–6 Cornichons (kleine
    Gewürzgurken)
8–10 kleine Champignons
2 EL Rapsöl
1 Kugel Mozzarella, 125 g
Pfeffer aus der Mühle

ZUM BESTREUEN

gehackte Petersilie

Für 4 Personen

Zubereitungszeit: 25 min
Garzeit: 25 min
Schwierigkeitsgrad: leicht

**1 ** Die Kartoffeln schälen, fein würfeln und in kochendem Salzwasser ca. 10 Minuten garen, abgießen und abtropfen lassen. Das Schweinefilet waschen, trocken tupfen, Sehnen entfernen und das Fleisch in dünne Streifen schneiden. Die Cornichons in Scheiben schneiden. Die Pilze putzen, den Käse in Scheiben schneiden.

**2 ** Das Fleisch zusammen mit den Pilzen im heißen Öl in einer Pfanne (oder auf dem Raclette-Grill) ca. 5 Minuten unter Wenden goldbraun braten. Anschließend mit Kartoffeln und Gurken auf Raclettepfännchen verteilen, salzen und pfeffern. Den Käse darauf verteilen und im Raclette ca. 10 Minuten gratinieren. Mit gehackter Petersilie bestreuen.

Rosenkohl-Pfännchen
mit Maronen

FÜR DAS PFÄNNCHEN

400 g Rosenkohl
Salz
2 Prisen Natron
200 g gegarte Maronen
   (Fertigprodukt)
frisch geriebener Muskat
30 g geschmolzene Butter
4 Scheiben Ziegengouda

ZUM BESTREUEN

3–4 Zweige frischer Thymian

Für 4 Personen

Zubereitungszeit: 20 min
Garzeit: 20 min
Schwierigkeitsgrad: leicht

1 \\ Den Rosenkohl putzen und waschen. In kochendem Salzwasser zusammen mit dem Natron 8–10 Minuten al dente garen, dann in Eiswasser abschrecken. Gut abtropfen lassen.

2 \\ Die Maronen halbieren. Den Thymian waschen, trocken schütteln und die Blätter von den Zweigen zupfen. Rosenkohl und Maronen auf die Pfännchen verteilen, mit Salz und Muskat würzen und mit flüssiger Butter beträufeln. Mit Käse belegen, mit Thymianblättchen bestreuen und im Raclette ca. 10 Minuten überbacken.

Zwiebel-Käse-Raclette

1 \\ Die Zwiebeln schälen und in Ringe schneiden. In einer Pfanne im Öl bei mittlerer Hitze goldbraun braten. Herausnehmen und abkühlen lassen.

2 \\ Die Raclettepfännchen mit Ziegengouda und Raclettekäse auslegen, Kümmel und gebräunte Zwiebelringe darauf verteilen. Salzen, pfeffern und im Raclette überbacken, bis der Käse geschmolzen ist. Dazu passt frisches Bauernbrot.

FÜR DAS PFÄNNCHEN

2 große Zwiebeln
1 EL Rapsöl
4 Scheiben Ziegengouda
4 Scheiben Raclettekäse
1 TL Kümmel
Salz
Pfeffer aus der Mühle

Für 4 Personen

Zubereitungszeit: 10 min
Garzeit: 20 min
Schwierigkeitsgrad: leicht

Raclette mit Lammfilet, Ananas und Salami

FÜR DAS PFÄNNCHEN

1 Mango
100 g Lammrückenfilet
150 g Ananas
60 g gewürfelter Bacon
   (Frühstücksspeck)
8 Scheiben Salami
2 EL frische Thymianblättchen
60 g geriebener Manchego
   (spanischer Hartkäse)

Für 4 Personen

Zubereitungszeit: 15 min
Garzeit: 10 min
Schwierigkeitsgrad: leicht

**1 ** Die Mango waschen, schälen und das Fruchtfleisch in kleine Scheiben schneiden. Das Lammfleisch abspülen, trocken tupfen und in dünne Streifen schneiden. Die Ananas schälen, vierteln, den Strunk entfernen und das Fruchtfleisch in Stücke schneiden.

**2 ** Mango, Lamm, Ananas, Bacon, Salami und Thymian in die Raclettepfännchen geben. Den Käse darüberstreuen und im Raclette 8–10 Minuten überbacken.

Raclette mit Romanesco, Blumenkohl und Bacon

FÜR DAS PFÄNNCHEN

300 g Romanesco
300 g Blumenkohl
Salz
Saft von ½ Zitrone
ca. 12 Salbeiblätter
100 g Bacon (Frühstücks-
    speck)
3 EL Paniermehl
Pfeffer aus der Mühle

Für 4 Personen

Zubereitungszeit: 15 min
Garzeit: 20 min
Schwierigkeitsgrad: leicht

1 \\ Romanesco und Blumenkohl waschen, putzen und in kleine Röschen zerlegen. In kochendem Salzwasser mit dem Zitronensaft ca. 10 Minuten garen. In Eiswasser abschrecken und gut abtropfen lassen.

2 \\ Den Salbei waschen und trocken tupfen. Den Bacon würfeln. Die Kohlröschen mit Salbei und Bacon vermengen, auf Raclettepfänncher verteilen und mit Bröseln und Pfeffer bestreuen. Etwa 10 Minuten im Raclette überbacken.

Spanisches Kartoffel-Pfännchen mit Chorizo

FÜR DAS PFÄNNCHEN

400 g kleine, festkochende
    Kartoffeln
Salz
8 kleine Chorizo-Würstchen
2 rote Zwiebeln
1 Handvoll frischer Thymian
4 grüne Peperoni
8 Scheiben Manchego
    (spanischer Käse)

Für 4 Personen

Zubereitungszeit: 15 min
Garzeit: 35 min
Schwierigkeitsgrad: leicht

**1 ** Die Kartoffeln in Salzwasser aufsetzen und
ca. 20 Minuten kochen, etwas abkühlen lassen und
pellen. Die Würstchen längs halbieren. Die Zw e-
beln schälen und halbieren. Den Thymian waschen
und trocken schütteln. Die Peperoni waschen.

**2 ** Alle vorbereiteten Zutaten portionsweise
auf Raclettepfännchen verteilen, mit dem Käse
belegen und 10–15 Minuten überbacken.

Sahniger Blumenkohl mit Mandelblättchen

FÜR DAS PFÄNNCHEN

1 kleiner Blumenkohl,
   ca. 400 g
Salz
Saft von ½ Zitrone

ZUM BESTREUEN

40 g Mandelblättchen

FÜR DIE SAUCE

2 EL Butter
2 EL Mehl
200 ml Milch
frisch geriebener Muskat
3–4 EL Sahne
50 g frisch geriebener
   Emmentaler

Für 4 Personen

Zubereitungszeit: 25 min
Garzeit: 20 min
Schwierigkeitsgrad: leicht

1 \\ Den Blumenkohl waschen, putzen und in kleine Röschen zerteilen. In wenig kochendem Salzwasser zusammen mit dem Zitronensaft zugedeckt ca. 4 Minuten garen. Abgießen und abtropfen lassen, dabei das Kochwasser auffangen und 200 ml abmessen.

2 \\ Die Butter in einem Topf aufschäumen, das Mehl einrühren und anschwitzen. Mit der Milch unter Rühren ablöschen und das abgemessene Kochwasser des Blumenkohls hinzufügen. Unter Rühren aufkochen, mit Salz und Muskat würzen. Mit der Sahne verfeinern und den Käse in der Sauce auflösen.

3 \\ Den Blumenkohl auf Pfännchen verteilen, mit der Sauce übergießen und mit Mandelblättchen bestreuen. Im Raclette bräunen.

Champignon-Spinat-Pfännchen

FÜR DAS PFÄNNCHEN

400 g Blattspinat
Salz
frisch geriebener Muskat
8 Riesenchampignons
2 EL flüssige Butter
8 Streifen Bacon (Früh-
   stücksspeck)
Pfeffer aus der Mühle
40 g geriebener Emmentaler

Für 4 Personen

Zubereitungszeit: 20 min
Garzeit: 25 min
Schwierigkeitsgrad: leicht

**1 ** Den Spinat putzen, waschen und tropfnass unter Rühren in einem Topf erhitzen, bis er zusammenfällt. Überschüssiges Wasser aus dem Spinat drücken und abtropfen lassen. Mit Salz und Muskat abschmecken.

**2 ** Die Champignons putzen und die Stiele herausdrehen. Mit der Öffnung nach oben auf Raclettepfännchen verteilen, mit der Butter bepinseln und mit Salz und Pfeffer würzen. Etwa 10 Minuten im Raclette backen. Dann Bacon und Spinat auf den Champignons verteilen, mit Käse bestreuen und weitere 5–10 Minuten überbacken.

Raclette mit Paprika und Mozzarella

**1 ** Die Paprikaschoten abtropfen lassen und in Streifen schneiden. Den Blätterteig auswickeln und in 8 Rechtecke schneiden. Den Mozzarella grob würfeln, die Kapern abtropfen lassen.

**2 ** Den Blätterteig auf 8 Raclettepfännchen verteilen, mit Paprika und Käse belegen. Mit Salz und Pfeffer würzen, die Kapernäpfel darauf verteilen. Im Raclette 15–20 Minuten backen, mit Thymian garnieren.

FÜR DAS PFÄNNCHEN

4 gegrillte Paprikaschoten
   (Fertigprodukt)
1 Rolle Blätterteig (Kühlregal,
   ca. 270 g)
250 g Mozzarella
ca. 16 Kapernäpfel (aus
   dem Glas)
Salz
Pfeffer aus der Mühle
Thymian

Für 4 Personen

Zubereitungszeit: 15 min
Garzeit: 20 min
Schwierigkeitsgrad: leicht

Auberginen-Feta-Pfännchen

FÜR DAS PFÄNNCHEN

1 kleine Aubergine
Salz
2 EL Rapsöl
1 Rolle Blätterteig (Kühlregal,
    ca. 270 g)
180 g Feta
Pfeffer aus der Mühle

ZUM VERFEINERN

ca. 16 Kapernäpfel (aus
    dem Glas)
Thymian

Für 4 Personen

Zubereitungszeit: 30 min
Garzeit: 30 min
Wartezeit: 20 min
Schwierigkeitsgrad: leicht

**1 ** Die Aubergine waschen, putzen, in Scheiben schneiden und mit Salz bestreuen, ca. 20 Minuten ziehen lassen. Danach trocken tupfen und in einer Pfanne im heißen Öl auf beiden Seiten goldbraun anbraten. Auf Küchenkrepp abtropfen lassen.

**2 ** Den Blätterteig auswickeln und in 8 Rechtecke aufschneiden. Den Feta würfeln. Den Blätterteig auf 8 Raclettepfännchen verteilen, mit Auberginenscheiben und Feta belegen. Mit Salz und Pfeffer würzen.

**3 ** Im Raclette 15–20 Minuten backen, mit Thymian bestreuen und die abgetropften Kapernäpfel dazu reichen.

Maultaschen-Pfännchen mit Spinat und Zwiebel

FÜR DAS PFÄNNCHEN

3 Zwiebeln
Mehl
1 TL Butter
1 Handvoll Babyspinat
12 Maultaschen mit Spinat-
   füllung

Für 4 Personen

Zubereitungszeit: 10 min
Garzeit: 15 min
Schwierigkeitsgrad: leicht

**1 ** Die Zwiebeln schälen und in Ringe schnei-
den. Mit Mehl bestäuben und in einer Pfanne mit
Butter bei mittlerer Temperatur goldbraun rösten.

**2 ** Den Spinat waschen und trocken schütteln.
Die Maultaschen nach Packungsanleitung garen
und in Scheiben schneiden. Mit Spinat und Zwiebeln auf Raclettepfännchen verteilen und etwa
10 Minuten backen.

Pilz-Raclette
mit Schinken

FÜR DAS PFÄNNCHEN

400 g Champignons
2 Frühlingszwiebeln
50 g Rohschinken
2 EL Olivenöl
Salz
Pfeffer aus der Mühle
1 Prise Currypulver
150 g Mozzarella

ZUM BESTREUEN

1 EL frisch gehackte Petersilie

Für 4 Personen

Zubereitungszeit: 20 min
Garzeit: 10 min
Schwierigkeitsgrad: leicht

**1 ** Die Champignons putzen und in Scheiben schneiden. Die Frühlingszwiebeln waschen, putzen und schräg in Ringe schneiden. Den Schinken klein schneiden.

**2 ** Pilze, Frühlingszwiebeln und Schinken auf vier Pfännchen verteilen und mit dem Öl beträufeln. Mit Salz, Pfeffer und Curry würzen und mit gewürfeltem Mozzarella bestreuen. Im Raclette ca. 10 Minuten überbacken und mit Petersilie bestreut genießen.

Überbackene Minirösti

FÜR DAS PFÄNNCHEN

1 Handvoll Thymian
600 g festkochende Kartoffeln
1 TL Mehl
Salz
frisch geriebener Muskat
2 EL Rapsöl
100 g Mozzarella

Für 4 Personen

Zubereitungszeit: 25 min
Garzeit: 15 min
Schwierigkeitsgrad: leicht

**1 ** Den Thymian waschen, trocken schütteln und die Blätter abzupfen. Die Kartoffeln schälen und auf einer Küchenreibe raspeln. Die Kartoffelraspeln ausdrücken und überschüssige Flüssigkeit abtropfen lassen. Thymian und Mehl mit den Kartoffeln vermengen, mit Salz und Muskat würzen.

**2 ** In einer Pfanne das Öl erhitzen und die Kartoffelmasse hineingeben, etwas flach drücken. Etwa 5 Minuten auf der einen Seite goldbraun braten, dann mit Hilfe eines Tellers wenden und auf der zweiten Seite braten. Herausnehmen und abkühlen lassen.

**3 ** Den großen Rösti in Stücke schneiden, in die Pfännchen legen, den gewürfelten Mozzarella daraufgeben und im Raclette überbacken.

Gemüsepfännchen
mit Haselnüssen

FÜR DAS PFÄNNCHEN

250 g Mozzarella
1 Möhre
100 g Sellerieknolle
1 kleine Stange Lauch
1 rote Zwiebel
40 g Haselnusskerne, gehackt
  oder gehobelt
Salz
Cayennepfeffer

Für 4 Personen

Zubereitungszeit: 20 min
Garzeit: 15 min
Schwierigkeitsgrad: leicht

1 \\ Den Mozzarella in Scheiben schneiden. Das
Gemüse schälen bzw. waschen und putzen, danach
in feine Streifen schneiden. Die Zwiebel schälen
und in dünne Ringe zerteilen.

2 \\ Den Mozzarella auf Raclettepfännchen auslegen und die Gemüsestreifen mit Zwiebeln und
Haselnüssen darauf verteilen. Salzen, mit Cayennepfeffer würzen und im Raclette ca. 15 Minuten
backen.

Raclette mit Ananas und Schinken

FÜR DAS PFÄNNCHEN

8 Scheiben Ananas aus
  der Dose
8 Scheiben luftgetrockneter
  Schinken
4 Scheiben Butterkäse
4 Prisen edelsüßes
  Paprikapulver

Für 4 Personen

Zubereitungszeit: 5 min
Garzeit: 7 min
Schwierigkeitsgrad: leicht

Die Ananas abtropfen lassen, klein schneiden und in die Raclettepfännchen verteilen. Den Schinken auf die Ananas legen. Den Butterkäse einrollen und auf den Schinken setzen. Alles mit Paprikapulver bestreuen und 7 Minuten im Raclette überbacken.

Birnen-Camembert-
Pfännchen

1 \\ Die Birnen waschen, vierteln, das Kernhaus ausschneiden und das Fruchtfleisch längs
in ca. 1 cm dicke Scheiben schneiden. Honig mit
Zitronensaft verrühren und die Birnenscheiben
damit bepinseln. Den Käse ebenfalls in ca. 1 cm
breite Scheiben schneiden.

2 \\ Die Birnenscheiben in die Raclettepfänn-
chen legen, Preiselbeeren daraufgeben und mit
Käse belegen. Im Raclette überbacken, bis der
Käse zerlaufen ist.

FÜR DAS PFÄNNCHEN

4 Birnen
1 EL flüssiger Honig
2 EL Zitronensaft
250 g Camembert
ca. 100 g Preiselbeeren
   (aus dem Glas)

Für 4 Personen

Zubereitungszeit: 15 min
Schwierigkeitsgrad: leicht

Kartoffel-Raclette mit Cornichons

FÜR DAS PFÄNNCHEN

600 g kleine, festkochende
   Kartoffeln
Salz
12 eingelegte Perlzwiebeln
12–16 Cornichons (kleine
   Gewürzgurken)
8 Scheiben Emmentaler
grobes Meersalz
Pfeffer aus der Mühle

ZUM BESTREUEN

Schnittlauchröllchen

Für 4 Personen

Zubereitungszeit: 20 min
Garzeit: 30 min
Schwierigkeitsgrad: leicht

**1 ** Die Kartoffeln in kochendem Salzwasser 15–20 Minuten garen, halbieren und zusammen mit Gurken und Zwiebeln auf Raclettepfännchen verteilen.

**2 ** Mit dem Käse belegen, salzen, pfeffern und ca. 10 Minuten überbacken. Mit Schnittlauchröllchen bestreuen.

Pflaumen-Pfännchen mit Schinken und Ziegenkäse

FÜR DAS PFÄNNCHEN

150 g Ziegenkäse mit
    Blauschimmel
ca. 16 Softpflaumen
12 Scheiben luftgetrockneter
    Schinken, dünn geschnitten

Für 4 Personen

Zubereitungszeit: 5 min
Garzeit: 10 min
Schwierigkeitsgrad: leicht

Den Ziegenkäse reiben. Pflaumen und Schinken auf die Pfännchen verteilen und den Käse darüber streuen. Im Raclette etwa 10 Minuten überbacken.

REZEPTVARIANTE KARTOFFELN MIT BACON UND PFLAUME

Vier kleine gekochte Kartoffeln auf vier Pfännchen verteilen. Acht Softpflaumen klein schneiden. Vier Scheiben Bacon (Frühstücksspeck) auf dem Grill oder in der Pfanne knusprig braten. 200 g Blauschimmelkäse klein schneiden. Pflaumen und Bacon auf die Kartoffeln geben, den Käse darauf verteilen. Fünf Minuten im heißen Raclette überbacken und mit Petersilie bestreuen.

REZEPTVARIANTE GEFÜLLTE PFLAUME FÜR DEN GRILL

Softpflaumen mit dem Chutney von Seite 65 füllen, mit Speck umwickeln und auf dem Grill knusprig braten.

Gratinierter Leberkäse

FÜR DAS PFÄNNCHEN

400 g kleine festkochende
   Kartoffeln
Salz
Pfeffer aus der Mühle
400 g Leberkäse
30 g Röstzwiebeln (Fertigprodukt)
40 g Butter
Muskat
300 g Raclettekäse
   in Scheiben

Für 4 Personen

Zubereitungszeit: 20 min
Garzeit: 30 min
Schwierigkeitsgrad: leicht

1 \\ Die Kartoffeln waschen und ungeschält in Salzwasser ca. 20 Minuten gar kochen lassen. Inzwischen den Leberkäse erst in 1 cm dicke Scheiben, dann in 1 cm große Würfel schneiden und mit den Röstzwiebeln mischen.

2 \\ Die Kartoffeln abgießen, abdampfen und etwas abkühlen lassen. Die Kartoffeln pellen und vierteln. Die Butter zerlassen, mit den Kartoffeln mischen, salzen, pfeffern und mit Muskat würzen. Den Käse in Streifen schneiden.

3 \\ Kartoffeln und Leberkäse auf die Pfännchen verteilen und den Käse darüber geben. Im heißen Raclette 8–10 Minuten überbacken.

Sauerkraut-Bratwurst-Raclette

**1 ** Das Sauerkraut abtropfen lassen und mit einer Gabel etwas auflockern. Die Zwiebeln in Ringe schneiden. 2 EL Öl in einer Pfanne erhitzen, die Zwiebeln darin ca. 3 Minuten glasig schwitzen.

**2 ** Den Apfel waschen, vierteln und das Fruchtfleisch in ½ cm dicke Scheiben schneiden. Zu den Zwiebeln geben und weitere 3 Minuten dünsten. Das Sauerkraut untermischen, aufkochen lassen, salzen und pfeffern. Dann beiseite stellen.

**3 ** Den Käse in Streifen schneiden. Die Würste in einer Pfanne im restlichen Öl braun braten. Das Apfel-Sauerkraut auf die Pfännchen verteilen. Die Würste halbieren und auf das Sauerkraut setzen. Den Käse daraufgeben und mit etwas Kümmel bestreuen. Im heißen Raclette 8–10 Minuten überbacken.

FÜR DAS PFÄNNCHEN

500 g Sauerkraut
2 Zwiebeln
3 EL Pflanzenöl
1 großer Apfel
Salz
Pfeffer aus der Mühle
12 Nürnberger Bratwürstchen
300 g Butterkäse in Scheiben
1 TL Kümmel

Für 4 Personen

Zubereitungszeit: 25 min
Garzeit: 30 min
Schwierigkeitsgrad: leicht

Kalbsschnitzel mit Blauschimmelkäse

FÜR DAS PFÄNNCHEN

500 g vorwiegend fest-
    kochende Kartoffeln
Salz
400 g Kalbsschnitzel
2 EL Rapsöl
125 g Blauschimmelkäse,
    z. B. Roquefort

ZUM BESTREUEN

Pfeffer aus der Mühle

Für 4 Personen

Zubereitungszeit: 20 min
Garzeit: 40 min
Schwierigkeitsgrad: leicht

**1 ** Die Kartoffeln in Salzwasser ca. 20 Minuten gar kochen. Anschließend abgießen und ausdampfen lassen.

**2 ** Das Fleisch waschen, trocken tupfen und in Streifen schneiden. In einer Pfanne (oder auf der Grillplatte des Raclettes) ca. 2 Minuten je Seite goldbraun braten.

**3 ** Den Käse würfeln. Die Kartoffeln in Stücke schneiden und in Raclettepfännchen geben. Kalbsschnitzel darauf legen und den Käse darüber verteilen. 5–10 Minuten im Raclette überbacken. Mit frischem Pfeffer übermahlen.

Fisch-Raclette in Gurken-Senf-Sauce

FÜR DAS PFÄNNCHEN

500 g Lachsfilet
2 EL Limettensaft
½ Gurke
150 g Tilsiter
200 g Mascarpone
Salz
Pfeffer
frisch geriebener Muskat
2 EL Dillspitzen
1 EL körniger Senf

Für 4 Personen

Zubereitungszeit: 20 min
Garzeit: 10 min
Schwierigkeitsgrad: leicht

**1 ** Den Lachs waschen, trocken tupfen und würfeln. Mit dem Limettensaft beträufeln und ziehen lassen. Die Gurke waschen, schälen, längs halbieren und die Kerne ausschaben. In schmale Scheiben schneiden. Den Käse reiben. Mascarpone mit Salz, Pfeffer, Muskat, Dill und Senf verrühren. Den Käse unterrühren und abschmecken.

**2 ** Fisch und Gurkenscheiben in Raclettepfännchen geben, die Käsecreme darüber verteilen und ca. 10 Minuten im Raclette backen.

Mediterrane & fruchtig scharfe Würzmischungen

**1 ** Für die mediterrane Mischung die Pinienkerne in einer Pfanne ohne Fett goldbraun rösten. Herausnehmen und abkühlen lassen. Die Tomaten mit dem zerbröselten Weißbrot in einen Blitzhacker geben. Die Pinienkerne dazugeben und alles zu feinen Bröseln mahlen. Rosmarinnadeln und Oreganoblätter abzupfen, fein hacken und untermischen. Mit Salz würzen.

**2 ** Für die fruchtig-scharfe Mischung den Thymian abbrausen, trocken schütteln und die Blätter abstreifen. Die Schale der Orange ganz dünn abschneiden. Die Hälfte der Schale mit Thymian, Cranberries, Salzmandeln, Pfeffer und Chilischoten in den Blitzhacker geben und fein mahlen. Die übrige Orangenschale fein würfeln und mit dem Salz untermischen.

**3 ** Je 1–2 TL einer Mischung auf ein Pfännchen mit geschmolzenem Raclettekäse streuen und z. B. mit Kartoffeln genießen.

MEDITERRANE MISCHUNG

25 g Pinienkerne
5–6 getrocknete Tomaten, ohne Öl
100 g altbackenes Weißbrot
1 Zweig Rosmarin
1 Zweig Oregano
Salz

FRUCHTIG-SCHARFE MISCHUNG

½ Handvoll Thymian
½ Bio-Orange
2 EL getrocknete Cranberries
2 EL Salzmandeln
½ TL bunte Pfefferkörner
1–2 getrocknete Chilischoten
Salz

Zubereitungszeit: 15 min
Schwierigkeitsgrad: leicht

Foto auf Seite 89

Zimtäpfel

FÜR DAS PFÄNNCHEN

2 Äpfel
12 Physalis
100 g blaue, kernlose
    Weintrauben
2 EL Limettensaft
2 EL Sahne
4 EL Crème fraîche
2 cl Rum
1 Msp. Speisestärke
2 EL Honig

ZUM BESTREUEN

Zimt
Minze

Für 4 Personen

Zubereitungszeit: 15 min
Grillzeit: 10 min
Schwierigkeitsgrad: leicht

**1 ** Die Äpfel schälen, vierteln, das Kernhaus herausschneiden und das Fruchtfleisch in Spalten schneiden. Die Physalis halbieren. Die Weintrauben halbieren. Alle Früchte auf vier Raclettepfännchen verteilen und mit dem Limettensaft beträufeln.

**2 ** Die Sahne mit Crème fraîche, Rum, Stärke und Honig glatt rühren und über die Früchte geben. Im heißen Raclette ca. 10 Minuten überbacken. Mit Zimt bestreuen und mit Minze garnieren.

Marshmallow-Raclette mit Himbeeren

Die Himbeeren verlesen, bei Bedarf waschen und sehr gut trocken tupfen. Die Schokolade hacken. Die Beeren mit einigen Marshmallows in Raclette-pfännchen verteilen, mit etwas Schokolade bestreuen und im heißen Raclette ca. 3 Minuten garen, bis die Marshmallows weich sind.

FÜR DAS PFÄNNCHEN

125 g Himbeeren
50 g Zartbitterschokolade
125 g Marshmallows

Für 2 Personen

Zubereitungszeit: 5 min
Garzeit: 3 min
Schwierigkeitsgrad: leicht

Thunfisch-Mango-Spieße mit Teriyaki-Sauce

FÜR DIE MARINADE

Teriyaki-Sauce (Fertigprodukt)
1 TL brauner Zucker
1 EL Limettensaft
2 EL Sojasauce
1 EL Sesamöl

FÜR DEN SPIESS

500 g Thunfischfilet
1 Mango
6 Frühlingszwiebeln

Für 4 Personen

Zubereitungszeit: 15 min
Ziehzeit: 1 h
Grillzeit: 8 min
Schwierigkeitsgrad: leicht

**1 ** 2 EL Teriyaki-Sauce mit Zucker, Limettensaft, Sojasauce und Öl verrühren. Den Thunfisch abbrausen, trocken tupfen und in mundgerechte Stückchen würfeln. Mit der Marinade vermengen und im Kühlschrank ca. 1 Stunde ziehen lassen.

**2 ** Die Mango waschen, schälen, das Fruchtfleisch vom Kern und in Würfel schneiden. Die Frühlingszwiebeln waschen, putzen und schräg in passend große Stücke schneiden.

**3 ** Den Fisch aus der Marinade nehmen und abgetropft mit Mango und Frühlingszwiebeln abwechselnd auf Spieße stecken. Auf dem heißen Grill rundherum 6–8 Minuten grillen. Die Spieße zwischendurch mit Marinade bepinseln. Vom Grill nehmen und nach Belieben mit Teriyaki-Sauce zum Dippen servieren.

Gegrilltes Gemüse
mit Pesto

FÜR DAS PESTO

80 g Pinienkerne
Pfeffer aus der Mühle
1 Handvoll Basilikum
1 Handvoll Petersilie
2 frische Knoblauchzehen
1–2 EL Zitronensaft
Olivenöl

FÜR DEN GRILL

500 g grüner Spargel
Salz
4 Frühlingszwiebeln
2 grüne Paprika
400 g Kürbisfruchtfleisch,
   Hokkaido
Olivenöl

Für 4 Personen

Zubereitungszeit: 15 min
Grillzeit: 15 min
Schwierigkeitsgrad: leicht

**1 ** Die Pinienkerne für das Pesto auf dem Grill (in einer Grillschale) goldbraun rösten und wieder vom Grill nehmen. Etwa 2 EL zum Garnieren beiseitelegen.

**2 ** Das untere Drittel vom Spargel schälen und die Stangen in kochendem Salzwasser ca. 5 Minuten blanchieren, abschrecken und abtropfen lassen. Die Frühlingszwiebeln waschen, putzen und halbieren oder dritteln. Die Paprikaschoten waschen, halbieren, putzen und in Stücke schneiden. Das Kürbisfleisch in schmale Spalten schneiden. Das Gemüse mit 2 EL Öl beträufeln und mit Salz und Pfeffer würzen. Auf dem heißen Grill ca. 10 Minuten rundherum grillen.

**3 ** Für das Pesto die Kräuter abbrausen, trocken schütteln, die Blätter abzupfen. Die Kräuter mit Pinienkernen, geschältem Knoblauch, Zitronensaft und 3 EL Öl fein pürieren. Nach Bedarf ein wenig Wasser ergänzen und mit Salz und Pfeffer abschmecken.

**4 ** Das Gemüse vom Grill nehmen, das Pesto darüber verteilen und mit den übrigen Pinienkernen bestreuen.

Forellenklößchen
am Zitronengras-Spieß

FÜR DEN SPIESS

350 g Forellenfilet
1 Handvoll Koriandergrün
Schalenabrieb 1 Bio-Limette
Salz
Chilipulver
8 Stängel Zitronengras
Pflanzenöl

Für 4 Personen

Zubereitungszeit: 15 min
Grillen: 6 min
Schwierigkeitsgrad: mittel

1 \\ Die Forelle abbrausen, trocken tupfen und sehr fein hacken, bis eine formbare Masse entsteht. Das Koriandergrün abbrausen, trocken schütteln, abzupfen und fein hacken. Mit der Forelle gut vermengen und mit Limettenabrieb, Salz und Chili würzen.

2 \\ Das Zitronengras putzen und auf ca. 15 cm kürzen. Von der Forellenmasse kleine Portionen (ca. 40 g) abnehmen und um jeden Zitronen-gras-Spieße zu länglichen Nocken formen. Auf der geölten Grillplatte rundherum 5–6 Minuten grillen.

Putenleberspieße
mit Apfel und Zwiebel

FÜR DEN SPIESS

500 g Putenleber
2 Äpfel
3 rote Zwiebeln
4 EL Pflanzenöl
4 Stängel Thymian
Fleur de Sel (Meersalz)
Pfeffer aus der Mühle

Für 4 Personen

Zubereitungszeit: 15 min
Grillzeit: 10 min
Schwierigkeitsgrad: leicht

**1 ** Die Leber abbrausen, trocken tupfen, putzen und in Stücke schneiden. Die Äpfel schälen, vierteln, das Kernhaus herausschneiden und die Viertel in Spalten schneiden. Die Zwiebeln schälen und ebenfalls in Spalten schneiden.

**2 ** Zwiebel, Apfel und Leber abwechselnd auf ca. 8 Holzspieße stecken. Mit etwas Öl bepinseln und auf dem heißen Grill 8–10 Minuten rundherum grillen.

**3 ** Den Thymian abbrausen, trocken schütteln und abzupfen. Mit dem restlichen Öl verrühren und die Spieße kurz vor Garende damit bestreichen. Mit Salz und Pfeffer würzen.

Lamm-Brot-Spieße
mit Kreuzkümmel

1 \\ Das Fleisch abbrausen, trocken tupfen und in ca. 1 cm dünne Scheiben schneiden. Die Paprikaschoten waschen, halbieren, putzen und in passend große Stücke schneiden. Die Tomaten waschen und putzen. Die Schalotten schälen und halbieren. Das Brot mundgerecht würfeln. Alle Zutaten abwechselnd auf 8–12 Holzspieße stecken.

2 \\ Kreuzkümmel mit Pfeffer im Mörser zerstoßen, mit Öl verrühren und salzen. Die Spieße damit bepinseln. Auf der heißen Platte 8–10 Minuten garen. Zwischendurch mit dem Würzöl bestreichen.

3 \\ Für den Dip die Gurke schälen, längs halbieren, die Kerne ausschaben und die Hälften fein raspeln. Die Gurkenraspeln salzen, etwas ziehen lassen, dann das Wasser ausdrücken und die Gurke mit dem Joghurt vermengen. Die Minze abbrausen, trocken schütteln, abzupfen und in feine Streifen schneiden. Unter den Joghurt mengen, den geschälten Knoblauch dazu pressen und mit Salz und Zitronensaft abschmecken. Zu den Spießen servieren.

FÜR DEN SPIESS

500 g Lammrückenfilet
2 gelbe Paprika
ca. 250 g Kirschtomaten
6–8 Schalotten
200 g Weißbrot
1 TL Kreuzkümmel
1 TL Pfefferkörner
4–5 EL Olivenöl
Salz

FÜR DEN DIP

1 Salatgurke
250 g griechischer Joghurt
2 Stängel Minze
2 frische Knoblauchzehen
Zitronensaft

Für 4–6 Personen

Zubereitungszeit: 25 min
Garzeit: 10 min
Schwierigkeitsgrad: leicht

Foto auf Seite 91

Chili-Kräuter-Lamm

FÜR DEN GRILL

2 Lammlachse à ca. 300 g

FÜR DIE MARINADE

1 rote Chilischote
2 Knoblauchzehen
½ Bio-Zitrone
2 Zweige Rosmarin
1 TL körniger Senf
4 EL Olivenöl

FÜR DEN DIP

½ Salatgurke
Salz
350 g Joghurt
2 Stängel Minze
Pfeffer aus der Mühle

Für 4–6 Personen

Zubereitungszeit: 20 min
Marinieren: mindestens 2 h
Garzeit: 2 min
Schwierigkeitsgrad: leicht

**1 ** Das Fleisch abbrausen, trocken tupfen, mögliche Sehnen entfernen und das Fleisch in knapp 0,5 cm dicke Scheiben schneiden. Die Chilischote waschen, halbieren, putzen und klein schneiden. Den Knoblauch schälen und fein hacken. Die Zitrone heiß waschen, trocken tupfen, die Schale abreiben und den Saft auspressen. Den Rosmarin abbrausen, trocken schütteln, die Nadeln abzupfen und fein hacken. Mit 1 EL Zitronensaft, Zitronenabrieb, Knoblauch, Chili, Senf und Öl verrühren, das Lamm untermischen und abgedeckt im Kühlschrank mindestens 2 Stunden ziehen lassen.

**2 ** Währenddessen für den Dip die Gurke schälen, längs halbieren, die Kerne ausschaben und die Hälften in dünne Scheiben schneiden. Salzen und Wasser ziehen lassen. Anschließend das Wasser abgießen und den Joghurt untermengen. Die Minze abbrausen, trocken schütteln, die Blätter abzupfen und in feine Streifen schneiden. Mit Salz, dem restlichen Zitronensaft und Pfeffer unter den Joghurt mischen und abschmecken.

**3 ** Das Lamm aus der Marinade nehmen, abtropfen lassen und auf der heißen Platte auf beiden Seiten 1–2 Minuten goldbraun braten. Mit Salz und Pfeffer würzen und mit dem Joghurt genießen.

Entenbrust
mit Cranberrysauce

FÜR DIE SAUCE

1 Zwiebel
2 EL Pflanzenöl
50 g brauner Zucker
Saft von 1 Orange
2–3 EL Apfelessig
200 g Cranberries
1 Apfel
1 Sternanis
1 Messerspitze Senfpulver
3–4 Pimentkörner
Salz

FÜR DEN GRILL

2 Entenbrustfilets à ca. 300 g
Pfeffer aus der Mühle

Für 4–6 Personen

Zubereitungszeit: 15 min
Garzeit: 25 min
Schwierigkeitsgrad: leicht

**1 ** Die Zwiebel schälen und klein würfeln. In einem heißen Topf in 1 EL Öl farblos anschwitzen. Den Zucker darüber streuen und leicht karamellisieren lassen. Mit Orangensaft, ein wenig Wasser und Essig ablöschen.

**2 ** Die Cranberries waschen und abtropfen lassen. Den Apfel schälen, vierteln, das Kernhaus herausschneiden und die Viertel klein würfeln. Zusammen mit den Cranberries in den Topf zu der Zwiebelmischung geben. Sternanis, Senfpulver und Piment zufügen und unter gelegentlichem Rühren ca. 20 Minuten sämig köcheln lassen. Abkühlen lassen und mit Salz und Pfeffer abschmecken.

**3 ** Die Filets abbrausen, trocken tupfen, überschüssiges Fett und Sehnen entfernen. Das Fleisch in ca. 0,5 cm dicke Scheiben schneiden, mit etwas Öl beträufeln und auf der heißen Platte auf beiden Seiten 3-4 Minuten goldbraun braten. Mit Salz und Pfeffer würzen und mit der Cranberrysauce genießen.

Putenbrust
süß-scharf

FÜR DEN GRILL

2 Knoblauchzehen
2–3 cm Ingwer
2 EL Honig
2 EL Sojasauce
1 TL Sambal Oelek
2 EL Limettensaft
2 EL Pflanzenöl
600 g Putenbrust
Salz
Pfeffer aus der Mühle

FÜR DAS CHUTNEY

6 Aprikosen (frisch oder
    getrocknet)
4 Tomaten
2 Frühlingszwiebeln
1 EL Pflanzenöl
1 EL Honig
2–3 EL Apfelessig
Salz
Pfeffer aus der Mühle

Für 4 Personen

Zubereitungszeit: 20 min
Marinieren: mindestens 2 h
Garzeit: 15 min
Schwierigkeitsgrad: leicht

**1 ** Knoblauch und Ingwer schälen, beides fein hacken und in einer Schüssel mit Honig, Sojasauce, Sambal Oelek, Limettensaft und Öl verrühren. Das Fleisch abbrausen, trocken tupfen und in ca. 1 cm dicke Schnitzel schneiden. Mit der Marinade vermengen und abgedeckt mindestens 2 Stunden ziehen lassen.

**2 ** Für das Chutney die Aprikosen waschen, halbieren, entkernen und würfeln. Die Tomaten überbrühen, abschrecken, häuten, vierteln, entkernen und würfeln. Die Frühlingszwiebeln waschen, putzen, in feine Ringe schneiden und in einem heißen Topf in Öl farblos anschwitzen. Mit dem Honig leicht karamellisieren lassen, den Essig angießen und die Tomaten ergänzen. Leicht sämig köcheln lassen, die Aprikosen untermischen und abkühlen lassen. Mit Salz und Pfeffer abschmecken.

**3 ** Die Pute aus der Marinade nehmen und auf der heißen Platte auf beiden Seiten 3–4 Minuten goldbraun braten. Mit Salz und Pfeffer würzen und mit dem Chutney genießen.

Garnelenspieße mit grünem Gemüse & Avocadodip

FÜR DIE SPIESSE

8 Stangen grüner Spargel
Salz
2 gelbe Spitzpaprika
1 Zwiebel
12 Riesengarnelen
1 Eiweiß
80 g Speisestärke
1 Messerspitze Currypulver
2 Stängel Thymian
Pfeffer aus der Mühle

FÜR DEN DIP

2 Tomaten
2 Avocados
1–2 EL Crème fraîche
1–2 EL Zitronensaft
Cayennepfeffer

Für 4–6 Personen

Zubereitungszeit: 20 min
Garzeit: 15 min
Schwierigkeitsgrad: leicht

**1 ** Das untere Drittel vom Spargel schälen und die Stangen ca. 5 Minuten in kochendem Salzwasser blanchieren. Abschrecken, abtropfen lassen und in mundgerechte Stücke schneiden. Die Spitzpaprika waschen, halbieren, putzen und in Stücke schneiden. Die Zwiebel schälen und in Stücke schneiden.

**2 ** Die Garnelen schälen, entlang des Rückens einschneiden, den Darm entfernen, abbrausen und trocken tupfen. Die Garnelen einrollen (Rücken nach außen) und mit dem Gemüse auf 12 Spieße stecken.

**3 ** Das Eiweiß kurz aufschlagen, die Stärke mit Curry und Thymianblättchen unterrühren und mit Salz und Pfeffer würzen. Auf die Garnelen pinseln und auf der heißen Platte auf beiden Seiten 6–8 Minuten grillen.

**4 ** Für den Dip die Tomaten waschen, vierteln, entkernen und klein würfeln. Die Avocados schälen, halbieren, den Kern entfernen und das Fruchtfleisch mit einer Gabel fein zerdrücken. Crème fraîche, Zitronensaft und Tomaten untermengen und mit Salz und Cayennepfeffer abschmecken.

Süßkartoffel-Mango-Spieße

FÜR DIE SPIESSE

400 g Süßkartoffeln
1 Mango
400 g Halloumi (griechischer Käse)
2 EL Pflanzenöl
Salz
Pfeffer aus der Mühle

Für 4 Personen

Zubereitungszeit: 10 min
Garzeit: 50 min
Schwierigkeitsgrad: leicht

**1 ** Die Süßkartoffeln gründlich abschrubben und mit Schale ca. 35 Minuten in kochendem Wasser garen. Die Mango schälen und das Fruchtfleisch vom Kern und dann in Würfel schneiden. Die Süßkartoffel pellen und wie den Halloumi ebenfalls in mundgerechte Würfel schneiden.

**2 ** Alles abwechselnd auf Spieße stecken und mit Öl bepinseln. Auf der heißen Platte rundherum 6–8 Minuten goldbraun braten. Mit Salz und Pfeffer würzen.

INFO

Halloumi ist ein halbfester, würziger Käse, der ursprünglich aus Griechenland kommt. Er eignet sich so gut zum Grillen, weil er nicht schmilzt. Sie erhalten ihn in griechischen oder türkischen Lebensmittelläden.

Gegrilltes Frühlingsgemüse

FÜR DEN GRILL

500 g grüner Spargel
Salz
200 g Zuckerschoten
1 kleiner Radicchio
8 Schalotten
4 Stangen Staudensellerie
4 EL Olivenöl
4 Stängel Thymian
2 Knoblauchzehen
Pfeffer aus der Mühle
frisch gemahlener Koriander

Für 4 Personen

Zubereitungszeit: 20 min
Garzeit: 20 min
Schwierigkeitsgrad: leicht

**1 ** Das untere Drittel vom Spargel schälen und die Stangen in kochendem Salzwasser ca. 5 Minuten blanchieren, abschrecken und abtropfen lassen. Die Stangen halbieren. Die Zuckerschoten waschen, putzen, knapp 1 Minute in kochendem Wasser blanchieren, abschrecken und abtropfen lassen. Den Radicchio waschen, putzen und in Spalten schneiden, sodass die Stücke möglichst am Strunk zusammenhalten. Die Schalotten schälen. Den Sellerie waschen, putzen und in 6–8 cm lange Stücke schneiden.

**2 ** In eine Schüssel Öl und Thymian geben. Den geschälten Knoblauch dazupressen und mit Salz und Pfeffer würzen. Alles Gemüse untermischen und auf der heißen Platte 10–15 Minuten rundherum garen. Leicht salzen und mit Pfeffer und Koriander übermahlt genießen.

Tofu-Zitronen-Spieße
mit Joghurt-Gurken-Dip

FÜR DEN SPIESS

2 Bio-Zitronen
800 g Tofu

FÜR DIE MARINADE

1 EL Harissapaste
1 EL Paprikapulver, edelsüß
4 EL Pflanzenöl
Meersalz

FÜR DEN DIP

¼ Salatgurke
250 g griechischer Joghurt
1 EL Agavendicksaft
1 TL Currypulver
Salz (evtl. Räuchersalz)
Pfeffer aus der Mühle
Schnittlauchröllchen zum
    Garnieren

Für 4–6 Personen

Zubereitungszeit: 20 min
Marinierzeit: 30 min
Garzeit: 20 min
Schwierigkeitsgrad: leicht

**1 ** Die Zitronen heiß waschen, trocken reiben und halbieren. Einige dünne Scheiben abschneiden und halbieren. Aus den Resten den Saft auspressen und 2 EL Saft mit Harissapaste, Paprika und Öl verrühren.

**2 ** Den Tofu mundgerecht würfeln und mit der Marinade vermengt ca. 30 Minuten im Kühlschrank ziehen lassen. Dann abtropfen lassen und die Tofu-würfel abwechselnd mit den Zitronenscheiben auf 12–16 Holzspieße stecken. Mit übriger Marinade bestreichen, salzen und rundherum 15–20 Minuten garen.

**3 ** Für den Dip die Gurke waschen, putzen und fein stiften. Den Joghurt mit Agavendicksaft, etwas Zitronensaft und Currypulver verrühren. Die Gurkenstifte untermischen und mit Salz und Pfeffer abschmecken. Die Spieße mit Schnittlauch bestreuen und mit Dip genießen.

Rindfleisch-Spieße
mit Gremolata

FÜR DIE GREMOLATA

2 Knoblauchzehen
½ Bio-Orange
½ Bio-Zitrone
1 Handvoll glatte Petersilie

FÜR DEN SPIESS

500 g Rindfleisch aus
    der Hüfte
Olivenöl
4 Maiskolben (vorgegart;
    vakuumiert)
40 g weiche Butter
Salz
Pfeffer aus der Mühle

Für 4 Personen

Zubereitungszeit: 15 min
Marinierzeit: 30 min
Garzeit: 12 min
Schwierigkeitsgrad: leicht

**1 ** Den Knoblauch schälen und hacken. Die Zitrusfrüchte heiß abwaschen, dünn abschälen und die Schale in sehr kleine Würfel schneiden. Die Petersilie verlesen, waschen und die Blättchen fein hacken. Die Orangen- und Zitronenschale in einer Schüssel mit Knoblauch und Petersilie mischen.

**2 ** Das Fleisch waschen, trocken tupfen und in dünne Streifen schneiden. Mit Olivenöl beträufeln und zur Gremolata in die Schüssel geben und mischen. 30 Minuten im Kühlschrank marinieren.

**3 ** Den Mais halbieren, mit Butter bestreichen und für 10 Minuten auf die heiße Platte legen, dabei ab und zu wenden. Das Fleisch auf die Spieße stecken und auf beiden Seiten 2 Minuten braten. Alles mit Salz und Pfeffer würzen und mit der Gremolata genießen.

INFO

Gremolata ist eine Kräuter-Würzmischung der lombardischen Küche. Ursprünglich besteht sie aus Petersilie und Zitronenschale, sehr oft ist auch Knoblauch dabei. Die Zutaten werden meist zusammen gehackt und gegen Ende der Garzeit zum Gericht gegeben, um die frischen Aromen zu erhalten.

Marshmallow-Spieße
mit Litschi-Himbeersauce

FÜR DEN SPIESS

1 Dose Litschis,
    255 g Abtropfgewicht
300 g Himbeeren (TK
    oder frisch)
300 g Marshmallows

Für 4 Personen

Zubereitungszeit: 30 min
Garzeit: 5 min
Schwierigkeitsgrad: leicht

**1 ** Die Litschis in einem Sieb abtropfen lassen und zusammen mit den Himbeeren in einem Topf langsam zum Kochen bringen. Etwa 5 Minuten bei niedriger Temperatur köcheln lassen. Mit einem Stabmixer pürieren und das Püree durch ein Sieb streichen und im Kühlschrank kalt stellen.

**2 ** Die Marshmallows auf Spieße stecken und auf dem heißen Grill kurz anrösten und zusammen mit der Fruchtsauce servieren.

TIPP

Sie können auch kleine Pfannkuchen auf dem Grill oder heißen Stein backen: 75 g Mehl mit einer Prise Salz mischen, 125 ml Milch unter Rühren dazu gießen und glatt rühren, dann 1 Ei kräftig unterrühren. Der Teig sollte mindestens 20 Minuten ruhen. Die heiße Platte einölen und kleine Pfannkuchen backen. Mit Obst, Sirup, Nutella oder Eis genießen.

Orangensalat
mit Radicchio & roten Zwiebeln

5 Orangen
2 EL Sultaninen
1 EL weißer Balsamico
1 EL Himbeeressig
2 EL Olivenöl
2 EL Nussöl
Salz
Pfeffer aus der Mühle
1 TL Honig
1 Fenchelknolle, ca. 250 g
2 EL Pinienkerne
1 milde rote Zwiebel
1 Radicchio

Für 4 Personen

Zubereitungszeit: 30 min
Kochzeit: 2 min
Ziehzeit: 15 min
Schwierigkeitsgrad: leicht

**1 ** Den Saft von 1 Orange auspressen und zusammen mit den Sultaninen in einen Topf geben. Zum Kochen bringen und ca. 2 Minuten leicht köcheln lassen. Dann mit Essig, den beiden Ölen, Salz, Pfeffer und Honig verquirlen und abschmecken.

**2 ** Die übrigen Orangen rundherum schälen, sodass keine weiße Haut an den Orangen verbleibt. Die Orangen in dünne Scheiben schneiden. Den Fenchel waschen, putzen und den Strunk herausschneiden, das Fenchelgrün abzupfen, die Fenchelknolle fein hobeln. Mit den Orangenscheiben und dem Dressing in einer Schale vermischen und ca. 15 Minuten ziehen lassen.

**3 ** Die Pinienkerne in einer Pfanne ohne Fett goldgelb rösten. Die Zwiebel schälen und in feine Scheiben schneiden. Den Radicchio waschen, den Strunk herausschneiden und die Blätter in Streifen schneiden. Mit den Zwiebeln unter den Salat mischen. Den Salat mit Pinienkernen und Fenchelgrün bestreut servieren.

Avocado-Tomatensalsa

1 Bio-Limette
1 kleine rote Zwiebel
3 Tomaten
2 Avocados
1 Prise gemahlener
   Kreuzkümmel
1 Prise gemahlener Koriander
Salz
Cayennepfeffer

Für 4 Personen

Zubereitungszeit: 15 min
Ziehzeit: 10 min
Schwierigkeitsgrad: leicht

**1 ** Die Limette heiß abwaschen, trocken reiben und etwas Schale fein abreiben, den Saft auspressen. Die Zwiebel abziehen und fein würfeln. Die Tomaten waschen, den Stielansatz und die Kerne herausschneiden und das Fruchtfleisch klein würfeln. Die Avocados vierteln, den Kern entfernen, das Fruchtfleisch mit einem Löffel herausnehmen und würfeln.

**2 ** Limettensaft, -abrieb, Zwiebelwürfel, Kreuzkümmel, Koriander, Salz und Cayennepfeffer in einer Schale vermischen. Die Avocadowürfel untermischen und ca. 10 Minuten ziehen lassen. Abschmecken und zum Raclette servieren.

Möhrensalat
mit Mandeln

1 \\ Die Möhren schälen und fein raspeln. Die Frühlingszwiebeln waschen, putzen und in feine Ringe schneiden. Die Petersilie abbrausen, trocken schütteln und grob hacken.

2 \\ Den Zitronensaft mit Öl, Honig, Salz, Pfeffer und Pul Biber verquirlen. Zu den Möhren geben, Rosinen, Lauchzwiebeln und Petersilie zufügen und alles gut vermengen. Mindestens 30 Minuten ziehen lassen.

3 \\ Die Mandeln grob hacken und in einer Pfanne ohne Fett rösten. Herausnehmen und abkühlen lassen. Den Salat nochmal abschmecken und mit den Mandeln bestreut servieren.

FÜR DEN SALAT

600 g Möhren
2 Frühlingszwiebeln
1–2 Handvoll Petersilie

FÜR DAS DRESSING

Saft von 1 Zitrone
6 EL Olivenöl
1 EL Honig
Salz
Pfeffer aus der Mühle
1 Prise Pul Biber (türkisches Paprikagewürz)
2 EL helle Rosinen
40 g Mandelkerne

Für 4 Personen

Zubereitungszeit: 25 min
Ziehzeit: 30 min
Schwierigkeitsgrad: leicht

Salat vom Winterrettich

FÜR DEN SALAT

600 g Winterrettich (auch
    schwarzer Rettich genannt)
Salz
150 g Sahne
Zucker
1 Bund Schnittlauch

Für 4 Personen

Zubereitung: 15 min
Marinierzeit: 30 min
Schwierigkeitsgrad: leicht

**1 ** Den Winterrettich schälen und mit der Vierkantreibe grob hobeln. In einer Schüssel mit einer kräftigen Prise Salz 30 Minuten durchziehen lassen.

**2 ** Den ausgetretenen Saft abgießen. Den Rettich mit der Sahne verrühren und mit einer Prise Zucker abschmecken.

**3 ** Den Schnittlauch in feine Röllchen schneiden und den Salat damit bestreuen.

Drei Dressings
für winterliche Blattsalate

KARTOFFELDRESSING

1 kleine Zwiebel
1 kleine vorwiegend fest-
    kochende Kartoffel
3 Scheiben durchwachsener
    Speck
3 EL Öl
200 ml Gemüse- oder
    Fleischbrühe
4 EL Essig
1 EL Senf
1 EL gehackte Petersilie
Salz
Pfeffer aus der Mühle

BIRNEN-WALNUSS-DRESSING

40 g Walnusskerne
1 Birne
4 EL Quitten-Birnen-Essig,
    ersatzweise Apfelessig
2 EL Honig
3 EL Walnussöl
Salz

PARMESANDRESSING

50 g Parmesan am Stück
1 Knoblauchzehe
1 Prise Salz
10 schwarze, kernlose Oliven
½ kleine Chilischote
5 EL weißer Balsamico-Essig
5 EL Olivenöl

1 \\ Für das Kartoffeldressing die Zwiebel schälen und mit dem Speck fein würfeln. Die Kartoffel
schälen und auch in kleine Würfel schneiden. Das
Öl in einer Pfanne erhitzen. Zwiebel und Speck
glasig braten, Kartoffelwürfel zugeben und in etwa
5 Minuten goldgelb braten. Die Brühe hinzufügen,
einmal aufkochen lassen. Essig und Senf unterrühren. Abkühlen lassen, mit Salz und Pfeffer würzen,
abschmecken. Zuletzt die Petersilie unterrühren.

2 \\ Für das Birnen-Walnuss-Dressing die Walnusskerne hacken, die Birne schälen, entkernen,
vierteln und fein würfeln. Den Quitten-Birnen-Essig
mit Honig und Walnussöl verrühren, gehackte Wal-
nüsse mit den Birnenwürfeln unterrühren, salzen
und abschmecken.

3 \\ Für das Parmesandressing den Parmesan
fein reiben. Den Knoblauch schälen, klein würfeln,
mit Salz bestreuen und mit der flachen Messer-
klinge zu einem feinen Brei zerreiben. Die Oliven
würfeln. Die Chilischote halbieren, entkernen und
fein hacken. Den Knoblauchbrei mit Essig und
Olivenöl verrühren, Parmesan, Oliven, Chili und
2–3 EL Wasser hinzufügen, verrühren, salzen und
abschmecken.

Zubereitung: 25 min
Schwierigkeitsgrad: leicht

Rezeptverzeichnis
nach Kapiteln

Alphabetisches Rezeptregister

Rezeptverzeichnis
nach Zutaten

√ 978-3-8094-3666-9

4. Auflage 2019

© 2016 by Bassermann Verlag, einem Unternehmen der Verlagsgruppe
Random House GmbH, Neumarkter Straße 28, 81673 München

Umschlaggestaltung: Atelier Versen, Bad Aibling
Gestaltung: kreativsatz, Nadine Thiel, Baldham
Herstellung: Elke Cramer
Fotos: Istockphoto: U1 (InaTS, margoullatphotos); Bassermann Verlag
Archiv: 83, 85 (Karl Newedel);
Stockfood, München: 6, 44, 45 (Daan Matthis), 8, 10, 17, 18, 19, 36, 37,
48, 61, 63, 64, 78, 80, 81, 88, 89, 91 (Grossmann&Schürle), 4, 9 o., 13,
23, 25, 26, 28, 29, 31,32, 35 39, 40, 50, 58 (Jo Kirchherr), 9 u., 57 (Eising
Studio), 14, 15, 38, 51 (photocuisine/Loic Nicoloso), 20 (photocuisine/Bruno
Marielle), 43 (Klaus Arras), 47 (photocuisine/Thys/Supperdelux), 53 (Rua
Castilho), 54 (Mikkel Adsbol), 67 (Hans Gerlach), 69 (Fotos mit Geschmack),
71 (Jalag/Jörg Lehmann), 72 (Mathias Neubauer), 75 (photocuisine/Valéry
Guedes), 77 (photocuisine/Pierre Louis Viel)

Bildredaktion: Sabine Kestler
Projektleitung: Anja Halveland

Satz: kreativsatz, Nadine Thiel, Baldham
Druck und Bindung: Alföldi Nyomda Zrt, Debrecen

Printed in Hungary

Verlagsgruppe Random House FSC® N001967

Rund, cremig, lecker!

80 Seiten, durchgehend farbig bebildert
ISBN 978-3-8094-3944-8

Zunächst wird der Fischkäse mit feinen Zutaten aufgepeppt und dann kommt eine köstliche Hülle drum herum. Das macht die Bällchen zum absoluten Hingucker und bietet neue Geschmackserlebnisse. Schnell gemacht und superlecker – ein wahrer Gaumen- und Augenschmaus.

Besuchen Sie uns auch auf

www.bassermann-verlag.de

Kochen kann so einfach sein!

384 Seiten, durchgehend farbig bebildert
ISBN 978-3-8094-3942-4

Diese Rezepte begeistern! Sie sind einfach und raffiniert: rund 180 Gerichte mit maximal 6 Zutaten. Die sind schnell eingekauft, flott vorbereitet und ruckzuck fertig. Ohne Aufwand viel Genuss – für Sie, Ihre Familie und Ihre Gäste.

Besuchen Sie uns
auch auf

www.bassermann-verlag.de